The Play of Waves

Immanuel Mifsud
The Play of Waves

Translated by Maurice Riordan
with Maria Grech Ganado

Introduction by
Charles Briffa

PUBLICATIONS
2017

Published by Arc Publications,
Nanholme Mill, Shaw Wood Road
Todmorden OL14 6DA, UK

978 1908376 67 1 (pbk)
978 1908376 68 8 (hbk)
978 1908376 69 5 (ebk)

ACKNOWLEDGEMENTS
Many of the poems in this collection were first published by
the Maltese publishers Klabb Kotba Maltin / Midsea Books,
to whom Arc Publications is most grateful for permission
to reproduce the original Maltese versions in the present
volume. Arc would also like to thank Olivia Hanks for her
editorial input in the early stages of this project.

Design by Tony Ward
Printed in Great Britain by T.J. International Ltd,
Padstow, Cornwall

Cover picture: Tony Ward

This book has been selected to receive financial assistance from
English PEN's 'PEN Translates' programme, supported by Arts
Council England. PEN exists to promote literature and our
understanding of it, to uphold writers' freedoms around the
world, to campaign against the persecution and imprisonment of
writers for stating their views, and to promote the friendly
co-operation of writers and the free exchange of ideas.
www.englishpen.org

Arc Publications 'Visible Poets' series
Series Editor: Jean Boase-Beier

CONTENTS

Series Editor's Note / 9
Translator's Preface / 10
Introduction / 12

16 / Daħlet Qorrot • Daħlet Qorrot, Gozo / 17
18 / Trid toħlom bis-silenzju • Dream of Silence / 19
24 / Barra l-borra • It's Snowing Outside / 25
26 / Galanthus Nivalis • Galanthus Nivalis / 27
30 / Il-kantiku tad-dipressi • Canticle of the Depressed / 31
32 / Tliet xbihat strambi • Three Images for
    għall-Milied   Christmas / 33
34 / Ġo Dar Sawra • At Dar Sawra Home for
     the Elderly / 35
38 / Vaska Vassiljeva • Vaska Vassiljeva / 39
42 / Auschwitz • Auschwitz / 43
44 / Nina Czerkies • Nina Czerkies / 45
46 / Fi Plac Zamkowy • Plac Zamkowy / 47
48 / Place Saint-Michel • Place Saint-Michel / 49
50 / Oliver Plunkett Street, Cork • Oliver Plunkett Street, Cork / 51
52 / Slàn • Slàn / 53
54 / Il-poeżiji tal-Medusa • The Medusa Poems / 55
60 / It-trab u l-ilma • Dust and Water / 61
62 / Mahler: l-aħħar moviment • Mahler: Ninth Symphony,
     tad-disa' sinfonija   Last Movement / 63
66 / Manfred • Manfred / 67
70 / Plaza de la Corredera, • Plaza de la Corredera,
     Cordoba   Cordoba / 71
80 / Dgħajsa Sewda • Black Boat / 81
86 / Stampi Ġodda Mill-Pont • New Pictures From Charles
     Karlu, Praga   Bridge, Prague / 87
92 / Larinġa • Orange / 93
96 / Il-Lejl Skur ta' Edith • Edith's Dark Night / 97
98 / Poeżija għal Qabel Torqod • A Poem Before Sleep / 99

Biographical Notes / 100

for Nikol

The 'Visible Poets' series was established in 2000, and set out to challenge the view that translated poetry could or should be read without regard to the process of translation it had undergone. Since then, things have moved on. Today there is more translated poetry available and more debate on its nature, its status, and its relation to its original. We know that translated poetry is neither English poetry that has mysteriously arisen from a hidden foreign source, nor is it foreign poetry that has silently rewritten itself in English. We are more aware that translation lies at the heart of all our cultural exchange; without it, we must remain artistically and intellectually insular.

One of the aims of the series was, and still is, to enrich our poetry with the very best work that has appeared elsewhere in the world. And the poetry-reading public is now more aware than it was at the start of this century that translation cannot simply be done by anyone with two languages. The translation of poetry is a creative act, and translated poetry stands or falls on the strength of the poet-translator's art. For this reason 'Visible Poets' publishes only the work of the best translators, and gives each of them space, in a Preface, to talk about the trials and pleasures of their work.

From the start, 'Visible Poets' books have been bilingual. Many readers will not speak the languages of the original poetry but they, too, are invited to compare the look and shape of the English poems with the originals. Those who can are encouraged to read both. Translation and original are presented side-by-side because translations do not displace the originals; they shed new light on them and are in turn themselves illuminated by the presence of their source poems. By drawing the readers' attention to the act of translation itself, it is the aim of these books to make the work of both the original poets and their translators more visible.

Jean Boase-Beier

I first encountered the poems of Immanuel Mifsud in 2004 when I was looking for a Maltese poet to translate as part of a commission to mark the expansion of the European Union. Malta was joining the EU along with Cyprus and eight Eastern European countries. Mifsud was a fortuitous discovery for me in this context, since he is a Mediterranean poet who has a special affinity with Eastern Europe. His imagination is drawn to snowscapes and autumnal vistas (perhaps because snow and autumn are almost unknown in Malta); and he has what seems like a 'nostalgic' empathy for the people and street scenes of the old Eastern-bloc regimes. His imagination has invented its own unique neo-Gothic world.

Translating *Confidential Reports* (a selection of his poems) was my first encounter with Maltese poetry. The tradition of poetry in Maltese is relatively young, only beginning in the last decades of the nineteenth century. I learned that one consequence of this recent development is that a Maltese poet has legitimate access to what in English would be considered stock poetic language. The vocabulary has not been exerted or exhausted by centuries of usage; and the register of poetry is still relatively unaffected by the modernist shift towards urbanized vocabulary. It can sound somewhat 'Swinburnian' in direct translation.

One facet of Mifsud's writing is indeed its imagery of wind and water, of the immediate natural world of flower and tree – and he has a particular fondness for leaves. This is combined, however, with a melancholy experience of love and time as well as an entirely contemporary sensibility involving alienation, displacement and political disaffection. Mifsud is partly deracinated and is a transgressive poet, who freely crosses sexual and emotional borders, and whose imagination has absorbed aspects of surrealism along with other elements of collision and fragmentation in European literature.

Mifsud's poems are written almost exclusively in hendecasyllables (in lines of 11 syllables). This is the norm for traditional Maltese poetry. But he is making a deliberate choice to avoid the latitude of free verse. His metre gives solidity to the poems and it counterbalances effectively their emotional candour and characteristic use of hyperbole. The risk of a similarly consistent line in English would be to approximate blank verse, so I've had recourse to a more flexible unit, while also favouring a fairly static syntax, and instead have aimed – as do the originals – for cumulative energy. I have also nudged the poems a little towards informality and used idioms quite often. Equally, however, I tried to resist the habits of our own contemporary practice, as I wanted to exercise the lyrical resources of English verse in order to accommodate Mifsud's emotional force and his morose lyricism.

In making these versions, I have relied heavily on the prior work of Maria Grech Ganado – herself a distinguished poet in English and in Maltese – who is uniquely attuned to the complexity and nuance of Mifsud's language. My own contribution has often been minimal, and where I have departed conspicuously from her rendition, no doubt I have risked gratuitous interference with the original. My hope, even so, is that I have given voice, at least on occasion, to a poetry of plangent music and vibrant textures; and, more generally, I hope to have roused the curiosity of English readers to the work of this latter-day troubadour – whose gloomy, wayward, excessive poems deserve a wide audience.

Maurice Riordan

During the 1960s Maltese poetry was revitalised by the appearance of a new wave of poets, most of whom formed the MQL – *Moviment Qawmien Letterarju* (Movement for Literary Revival) – in 1967. Malta's political independence from Britain was attained in 1964 and this had a significant effect on the young writers of the time. What distinguished Malta's post-Independence literature was the conflict between the individual and society, and the fundamental needs of the self, both of which were in sharp contrast with the romantic nature of pre-Independence literature and its search for a national identity through poems about nature, religion and patriotism, and novels glorifying the past. MQL writers, characterised mainly by a spirit of radicalism, thought of the literature they inherited as an injured person in urgent need of first-aid. The Movement became a convalescent hospital as it attempted to interpret and reshape the role of Maltese literature for the foreseeable future. With this new perspective, the new wave writers produced, at their best, poems of honesty and novels of internal reality; and, at their worst, works that were both ambiguous and dull.

This was the literary atmosphere that Immanuel Mifsud was born into. The MQL came into being on 12th January 1967; Mifsud was born that same year, part of the Generation X. This was the first generation to be born in an independent Malta, a generation without any colonial experience who were able to continue with freer minds the Movement's literary attitude. The Movement's poets were mainly concerned with Malta as a society rather than as a landscape, and urged fellow writers to take stock of human nature and society; indeed, some of them asserted that poetry could actually play a role in social affairs. Mifsud, however, did not believe that literature could in any way influence society and made a public declaration to this effect on the internet. The MQL was disbanded in the mid-1970s, although its effects lingered on for many years.

*

Following the MQL, but before the emergence of the Millennials, is the generation to which Mifsud belongs. This is a generation which, although it continued where the MQL had left off, contributed to some new directions and changes in Maltese literature that resulted in a diversity brought about by the confrontation of contemporary issues: cultural, political, and economic factors (including sex crime, drugs, and violence); the effects of a market economy; and a global culture propagated during the last decades of the twentieth century through television, film and the mass media, and subsequently disseminated by the social media. The priority of this generation – a generation often dubbed cynical, distrustful, dissatisfied or disaffected – was to put their individual literature on the world map, frequently promoting their own work at international conferences and festivals.

Mifsud was part of this changing literary scene, sharing with his contemporaries a rather bleak view of society and breaking many social taboos, as his book of short stories called *Sara Sue Sammut's Stronge Stories* shows. His poetry, however, is rather more controlled: his frequent use of the hendecasyllable (the Maltese traditional metrical line of eleven syllables) may be taken as a disciplinary mental exercise within which his creativity operates.

*

Immanuel Mifsud was born on 12th September 1967 in Paola (an inner harbour region of Malta). He was the youngest in a large working class family of eight children, with parents well into their forties; when he was born his mother was 44 and his father 47. Born at a time of shifting societal values, and surrounded by much older siblings, he became a loner with a strong sense of observation and intuition.

Mifsud had a very active youth. He studied British literature, but was also keenly interested in the literature of Latin America and Eastern Europe. At the age of 16, he started writing poetry, co-founding the literary group

Versarti. His early interest in Freud led him to James Joyce, then to the theatre of the absurd, and while still 16, he started writing scripts for the theatre. He directed his own plays and also plays by Harold Pinter, Dario Fo, Anton Chekhov, Max Frisch, David Mamet, and Federico Garcia Lorca. It was during this time that he became very interested in experimental theatre.

Mifsud became a prominent writer on the international scene, primarily through a number of literary awards: the Malta National Award for Prose in 2002 and 2014; the National Award for Poetry in 2013; and, in 2011, the European Union Prize for Literature – he was the first Maltese writer to win such an honour. This was followed by his appointment as Member of the Order of Merit of the Republic of Malta in 2014, since when he has appeared at many prestigious festivals and international conferences. Apart from writing poetry, short fiction and stories for children, Immanuel Mifsud lectures on literature and literary theory at the Junior College (University of Malta).

*

A strong sense of solitude and melancholy – partly arising from his personal circumstances (there are allusions to his incurable spinal condition and his anxiety disorder in some of his poems) – pervades Immanuel Mifsud's poetry. Yet the poet does not isolate himself; on the contrary, he is never alone but is always addressing somebody in his poems, although their identity is never clear. But Mifsud, as a great traveller, also embodies the solitary wanderer in search of meaning. He escapes the claustrophobia of his small island home and what he sees of the world finds its way into his poetry, often intensifying its all-encompassing sense of loneliness and despair. There is no doubt that Mifsud is one of the most distinctive writers of his generation, and his lyrical, highly emotional and melancholy poetry continues to make its mark in World Literature.

Charles Briffa

14

The Play of Waves

DAĦLET QORROT

L-ilma għandu storja twila. Bħal ruħi.
Kuljum jirrakkuntaha lill-blat imsikket,
valanga ta' memorji tinżel tiġri
titħallat ma' dir-roqgħa ramel niedi.
Taħt ir-ramel l-ilħna muti tal-ħalel
jirrakkuntaw, jirrakkuntaw l-istejjer –
għax l-ilma storja twila minnu nnifsu:
ma jegħja qatt u qatt ma jrid li jieqaf.
Jekk tinżel Daħlet Qorrot meta x-xita,
tisma' l-ilma jsejjaħlek ħalli tersaq,
ħa timtedd fuq ir-ramel, ħalli tisma'
rakkonti twal li wara kollox ħierġa
bħad-demm isalpa sieket minn ġo ruħek.

16

DAĦLET QORROT, GOZO

Water has a long story. So does my soul.
One it recounts every day to silent rocks,
an avalanche of memories that falls headlong
into this damp patch of darkened sand.
Under the sand the mute tongues of the waves
keep recounting, recounting their histories.
Since water is a long story in itself
it never tires and never wants to stop.
If you go down to Daħlet Qorrot when it rains,
you'll hear the water calling you to come near,
to lie down on the sand and listen to
long recitations that to the end unfold
like blood leaking silently from your soul.

Daħlet Qorrot is a solitary bay in Malta's sister island, Gozo.

17

TRID TOĦLOM BIS-SILENZJU

lil Jana

1.

Meta tilbes l-iswed tifrex il-lejla
ma' sidrek u taħbi lill-qamar kwinta,
li, iżda, joħroġ jittawwal m'nn għajnejk.

2.

Xagħrek miġbud riħ li lanqas jitħarrek.
Idejk marbuta f'karezza. Qed taħseb
li għada se jqum il-baħar ħa jieħdok.
Ma tafx fejn. Jista' jkun li jieħdok miegħu
fejn għajn qatt ma rat, widna qatt ma semgħet.

3.

Subgħajk jaħfnu l-folja fejn frixt il-ħolma
li twieldet darba waħda int u tbaħħar
mal-maħbub li baqa' moħbi fi ħdanek.
Għajnejk jaqraw ix-xefaq li pinġielek
il-moħbi l'hemm iħobbok fil-fond f'ħobbok.
Għajnejk iridu jibku f'nofs tbissima,
hekk kif tispiċċa taqra l-poeżija.

4.

Xufftejk lejl twil li qajla jrid jispiċċa.
Ħolmiet bil-movimenti tal-vjolini
fuq meded mingħajr tarf ta' ħaxix aħdar.
Lejl blu li jsir xi naqra malinkoniku,
mitluf qalb meded kbar ta' lożor bojod.

18

DREAM OF SILENCE

for Jana

1.

When you dress in black, it draws the night
across your chest and hides the full moon,
which then appears to peep through your eyes.

2.

Your hair pulled back is a wind that doesn't stir.
Your hands are folded in a caress. You're thinking
tomorrow the sea will rise to take you
you don't know where. Maybe it will take you
where eyes have never seen, ears never heard.

3.

Your fingers hold the leaf where you've spread the dream
that was born once while you were sailing
with your loved one still hidden in your embrace.
Your eyes read the horizon he painted,
a stowaway deep in your breast who loves you.
Your eyes need to cry in the middle of a smile,
as soon as you finish reading the poem.

4.

Your lips are a long night that scarcely wants to end.
Dreaming to the movement of violins
on boundless expanses of green grass.
A blue night tinged with melancholy,
lost among vast expanses of white sheets.

Xufftejk il-gżira żgħira li qed tegħreq.
Bil-mod il-mod jitla' l-ilma, bil-ħlewwa.
Din l-għarqa li ssir sagra 'kk kif tispiċċa.
Sa l-qċaċet jitgħattew bil-baħar ikħal.
Il-gżira li tintilef fil-memorja.

Xufftejk il-vuċijiet tal-fjuri bojod
li għad iridu jlissnu l-ewwel kelma.
Xufftejk il-ħemda nieżla qajla qajla:
dalwaqt jinstemgħu jibku. Dalwaqt jisktu.

5.

Meta tinżel timtedd fuq wiċċ il-baħar
u tinsa l-kantunieri waħda f'waħda
għax tixtieq tersaq tiġri lejn ir-ramel,
tixtieq tisma' 'l leħnek iwieġeb lura
s-sejħa li titfa' lill-baħar qalil.

Meta tinżel timtedd fuq wiċċ il-baħar
wiċċek imiss wiċċu, ġismu jmiss ġismek,
int u ttir 'il bogħod biex tkun tista' tinsa
dal-kantunieri mtellgħa waħda waħda,
in-nies li jaħbtu miegħek bla ma jridu.

Trid tersaq waħdek inti lejn ir-ramel
fejn ħwejġek jaqgħu gozz u tibqa' miexja
nuda daqs il-baħar, daqs din is-sikta,
din il-bajja li nħbiet filgħodu kmieni.

Trid tinsa. Trid tħossok waħdek. Trid torqod
mal-ħoss għarwien tal-ilma tiela' miegħek.
Trid torqod ħalli toħlom bis-silenzju.

Your lips are the small island that's drowning.
Slowly the water rises, sweetly.
This drowning becomes sacred as it ends.
The very peaks are covered by the blue sea,
and the island is lost in memory.

Your lips are the voices of white flowers
that have yet to utter their first word.
Your lips are the stillness falling slowly, slowly:
soon they'll be heard crying. Soon they'll be silent.

5.

When you come down to lie on the sea's surface
you forget its corners one by one
because you'd like to get quickly to the sand,
you'd like to hear your own voice reply
to the call you throw at the restless sea.

When you come down to lie on the sea's surface
your face touches its face, its body your body,
while you fly far away so you can forget
these corners that have risen one by one,
people mindlessly bumping into you.

You wish only to get to the sand
where your clothes fall in a heap while you walk
nude as the sea, as is this hush,
this bay hidden in early morning.

You want to forget. To feel alone. You want to sleep
to the naked sound of water rising over you.
You want to sleep and dream of silence.

6.

Imbagħad tħares lejn l-art b'għajnejk magħluqa
u tara stampi suwed risqin lejk.

6.

And then you look at the earth with eyes shut
and see black pictures coming your way.

BARRA L-BORRA

Għadha f'ħalqi t-togħma tal-faqqiegħ mgħarraq
fis-soppa taħraq bil-fwar tiela' jwarrad.
Miexi, ngħaffeġ il-fdal ta' borra griża
fuq il-bankini bin-nies miexja mgħaġġla.

Għadha f'idi l-qastna li ġbartli l-bieraħ,
u x'aktarx anki l-impronta tal-bewsa
taħt l-ixjeħ siġra fit-tarf tal-foresta.
Ara: barra l-borra reġgħet bdiet nieżla
u l-qastan nieżel fl-art, nieżel b'tbissima,
u n-nies donnhom naqsu minħabba l-ajru,
u l-bieraħ – tiskanta – kif għadda l-bieraħ!
Kif għadda kessaħ il-bewsa li tajtni.
Niltaqgħu? Trid? Dażgur, għax issa ġbartek
fil-librerija ta' xbihat bla isem,
fl-ixkafef kollha kotba mhux miktuba.
Niltaqgħu? Trid jew le? Forsi ssir tħobbni.

La mmut nitwieled siġra tmiss is-sema,
u kuljum, bil-lejl, niġi nfittxek f'qabrek.

24

IT'S SNOWING OUTSIDE

In my mouth I still have the taste of mushrooms
dunked in hot soup, the steam rising in blooms.
Out walking, I crush the patches of grey snow
on pavements where people hurry by.

I'm still carrying the chestnut you picked yesterday,
and very likely the imprint of the kiss you gave me
under the oldest tree at the edge of the forest.
Look: it's started snowing outside again,
and the chestnuts fall to the ground, happily,
with fewer people about it seems due to the weather,
and yesterday – how strange – yesterday has passed!
Its passing cooled the kiss you gave me.
Let's meet? Yes? For now, of course, I have you
in the library of scattered images,
among the shelves full of unwritten books.
Let's meet! Yes or no? Maybe you'll be smitten.

The day I die I'll be born as a tree tall as the sky,
and every night I'll go looking for your grave.

GALANTHUS NIVALIS
Versi miċ-ċimiterju ta' Priekopa, is-Slovakkja

Fil-qċaċet tal-muntanji li jdawruna
nieżla kwieta daqs is-skiet din il-bjuda,
nieżla tgħatti bil-ksieħ, nieżla ħa tħannen.

Hawnhekk l-ispazji bojod li kont noħlom.
Hawnhekk għajnejk jimirdu bla ma jħarsu –
ix-xmajjar twal li qatt ma jgħidu kelma.
Kollox lewn il-borra.

                    Oqgħod ittawwal
sa ma wiċċek jeħel mal-ħġieġ tat-tieqa.
Ara tilmaħx 'il ommok riesqa kwieta
b'maktur ma' rasha, b'għajnejha fil-ħofra,
b'idejha jikħalu bil-ħakk tas-seqi,
b'daharha mgħawweġ ganċ, bil-mixja marida.
Toħroġx għax tieħu ċmajra. Oqgħod hares
lejn il-passi fondi miexja fil-borra.
Ħares lejn ommok riesqa lejn qabarha.
Tektkilha mat-tieqa biex forsi tilmħek,
biex forsi tieqaf ftit biex tarak sewwa.
Araha kif qiegħda ġġorr il-mard f'sidirha;
tindifen bla tgħid kelma taħt is-silġ.

    * * *

Il-bieraħ rajtek miexja fuq il-borra.
Tektiktlek ftit mat-tieqa xħin kont sejra
tindifen biex ma nerġa' narak qatt.

Ank' hawnhekk, b'erba' gradi taħt iz-zero,
jitħajjar biex jisponta d-dmugħ il-mielaħ,
ifettillu jinbeżaq ħa jċajparli
din l-aħħar xbieha tiegħek sejra 'l bogħod.

26

GALANTHUS NIVALIS
Verses from the cemetery of Priekopa, Slovakia

On the peaks of the mountains around us
the whiteness quietly drops its silence,
drops its cold blanket, drops its embrace.

Here is the endless white I used dream about.
Here one's eyes sicken without looking –
the long rivers never speak a word.
Everything snowbound.

                         Keep watch
until your face sticks to the window pane.
See if you notice your mother silently approaching,
a scarf around her head, her eyes like sunken holes,
her hands turning blue from itchy chilblains,
her back stooped from her sickly walk.
Don't come out, you'll catch a chill. Keep staring
at the footprints sunk in the snow.
Look at your mother nearing her grave,
tap on the window, perhaps she'll see you,
perhaps she'll stop a minute to see you better.
See how she carries her sickness in her chest,
is buried without a word under the snow.

    * * *

Yesterday I saw you walking in the snow.
I tapped a minute on the window as you left
to be buried so I'd never see you again.

Even here at four degrees below,
tears threaten to sting my eyes with salt,
to emit their spittle and mist over
this last image of your going away.

F'dal-bosk mudlam, taħt sema liebes l-iswed,
fejn il-ksieħ ixoqq u jtarrax il-ħsejjes,
u l-biki ta' min ma jiflaħx għat-telfa.
Mhux fil-weraq bis-silġ fittixt is-sabar;
lanqas fil-kurċifissi ta' fuq l-oqbra.
Fittixt il-wiċċ tax-xmara dejjem nieżla
biex nara nsibx 'il wiċċek jittawwalli.
U hemm, fil-qiegħ, rajt par għajnejn miksura,
u par xufftejn li kħalu f'daqqa waħda,
u par dirgħajn li tħarrku ħa jgħannquni.

U straħt għax rajtek bajda taħt wiċċ l-ilma.
U straħt għax rajtek rieqda f'qiegħ ix-xmara.

Għada ngħum mal-kurrent u nibqa' sejjer.
Xi darba nerġa' niġi meta l-fjuri
jispuntaw m'nn taħt il-borra w jibdew jgħannu.

In this dark wood, under a black-suited sky
where cold infiltrates and deadens sound,
deadens the weeping of those who can't bear loss,
it wasn't from frozen leaves I sought comfort
or from the crucifixes on the graves.
I sought the face of the ever-flowing river
to see if I'd find your face gazing at me
and there, in its depths, I saw a pair of perplexed eyes
and lips that turned suddenly blue
and the arms that had longed to hold me tight.

And I was at peace to see you go white underwater.
And at peace to see you asleep on the river bed.

Tomorrow I'll swim with the current and let it take me.
Some day I'll come back, when it's time for flowers
to blossom through the snow and start to sing.

Nibda naħseb li demmi qiegħed jimrad.
Nibda naħseb li inti m'għadekx tħobbni.
Nibda naħseb l'għad ninsa kif nitbissem.
Nibda naħseb l'għajnejja daqt se jdubu.
Nibda naħseb l'idejja se jaqgħuli.
Nibda naħseb li wiċċi se nitilfu.
Nibda naħseb li daqt se naqbad nibki.
Nibda naħseb li għad niftaħ saqajja
ħa niled tifel ikrah b'għajnejh ħomor.
Nibda naħseb li għad ninsa x'jisimni.
Nibda naħseb li għad norbot il-ħabel
ħa naqta' minn ġo postha din il-fjura,
ħa nħabbat din id-dgħajsa ma' xi sikka.
Nibda naħseb li għad ninsa min inti.
Nibda naħseb li għad jaħrabli demmi,
joħroġli f'daqqa waħda minn ġol-pori.
Nibda naħseb li għad insir baħrija.
Nibda naħseb li għad insir gawwija.
Nibda naħseb li għad jispiċċa kollox,
u jiena nibqa' hawn nitbandal waħdi
bħal fjura li rabtuha b'ħabel oħxon,
bħal fjura illi dbielet taħt il-qamar,
bħal tifel qed jistenna leħen ommu,
bħal tifel li mar jibki f'ħoġor ommu,
bħal tifel mar jistaħba taħt djul ommu.

Nibda naħseb li mhux se naħseb aktar.

CANTICLE OF THE DEPRESSED

I'm beginning to think my blood is diseased,
I'm beginning to think you don't love me anymore,
I'm beginning to think I might forget how to smile,
I'm beginning to think my eyes are about to melt,
I'm beginning to think my hands will soon fall off,
I'm beginning to think my face will start to slip,
I'm beginning to think I'll soon be a cry-baby,
I'm beginning to think I'll soon stand with legs apart
and give birth to a hideous boy with red eyes.
I'm beginning to think I'll soon have forgotten my name.
I'm beginning to think that I'll soon knot the rope
in order to pluck this flower from its spot,
in order to run this boat up on some reef.
I'm beginning to think I'll forget who you are.
I'm beginning to think my blood will start to flow,
will spurt all of a sudden from my pores.
I'm beginning to think I'll soon be a night-moth,
I'm beginning to think I might yet be a seagull.
I'm beginning to think soon everything will be at an end
and I'll be standing here swaying on my own
like a flower that's been tied up with a heavy rope,
like a flower that's withered under the moon,
like a boy waiting for his mother's summons,
like a boy gone to cry for his mother's help,
like a boy clinging to his mother's apron strings.

I'm beginning to think that I'll no longer think.

1.

Nitnikktu meta jiffriżaw il-fjuri,
u jekk l-għasafar ħomor ma jsaffrux
jaqbżilna d-dmugħ, u d-dmugħ bħal ferrovija:
iterraq, dejjem jiġri lejn it-tmiem.

2.

Lgħabna. Għamilna elf ballun bil-borra.
Xħetniehom lil xulxin u dħaqna ħafna.
Imbagħad tbissmet ix-xemx u aqta' x'ġara?
Il-blalen dabu wieħed wieħed. Bkejna.

3.

Kif rani għerja l-ewwel darba tbissem;
għajnejh daruni sewwa kemm-il darba
u weħlu mat-tarf ta' kull farrett l'għandi.
Ġo fija beda jwarrad il-ħurrieq.

THREE IMAGES FOR CHRISTMAS

1.

Frozen flowers make us sad,
and when the redbreasts stop singing
tears spring to our eyes, tears like trains:
non-stop, speeding towards the end.

2.

We played. We made a thousand snowballs,
threw them at each other and laughed a lot.
Then the sun smiled and guess what?
One by one the snowballs melted. We wept.

3.

He smiled the first time he saw me naked;
his eyes studied me all over several times
snagging on the edges of every scar I had.
Inside me thorns began to sprout.

1.

Ġismi mimli bil-ward u l-mediċina,
mimli bil-mard u siġar twal u ħodor,
mimli friefet bi ġwienaħ kuluriti:
nisa koroh u sbieħ inixxu d-dmija,
u rġiel li riedu jħobbu w ma setgħux.

2.

Bilqiegħda fuq pultruna f'rokna kiesħa,
f'għajnejna hemm in-ngħas ta' ljieli mħarbta,
fuq wiċċna hemm il-muta ta' mewt ċerta,
u l-bewl inixxi kiesaħ minn ġol-ħarqa.

3.

Ix-xedaq li ninżgħu dejjem jidħqilna.
Nimteddu forsi norqdu ħa ninsew
li l-kantunieri kollha jħarsu bl-ikrah.

4.

Vjola l-ewwel ħjiel li qabad iżernaq.
Jidħol ġo fik il-vjola biex imarrdek,
biex jistaqsik kif int bl-istess tbissima
tax-xedaq jistenna fil-komodina.

AT DAR SAWRA HOME FOR THE ELDERLY

1.

My body is full of roses and medicine,
full of disease and tall green trees,
full of butterflies with colourful wings:
ugly and lovely women are bleeding,
and men who longed to love but couldn't.

2.

Seated on an armchair in a cold corner
our eyes showing the sleepiness of restless nights,
the silence of certain death is on our faces
and into our diapers the cold piss flows.

3.

The dentures we take out are always smiling.
We lie down, perhaps to sleep and to forget
how all the corners scowl.

4.

The violet light is the first sign of dawn.
Violet invades you so that you sicken,
it asks how you're doing with the same smile
the dentures have on the bedside table.

5.

Għadha titbaxxa biex tiżbogħ difrejha.
Għadha – minn taħt – trid tilbes il-bizzilla
tħammar xufftejha u tħaddar għajnejha.
Għadha tħajjar lil żewġha bil-lejl – żewġha
li mar u nesa l-valiġġi warajh.
Tqum tkanta l-*Casta Diva* kull filgħodu.

5.

She still bends over to paint her toenails.
She still likes to wear lace under her clothes,
to redden her lips, to apply green eye-shadow.
She still tempts her husband at night – her husband
who's gone, leaving his suitcases behind.
Every morning she wakes up singing *Casta Diva*.

VASKA VASSILJEVA

Diż-żiffa ġarret magħha lir-rebbiegħa
kollha xemx, kollha fjuri, kollha għasafar.
Toħroġ tagħmel pass Vaska Vassiljeva;
tpoġġi fuq bank li dejjem jistennieha.
Ta' sebgħa u tmenin sena toħroġ tfekren
qalb il-memorji ta' din belt twelidha,
u terġa' tmidd riġlejha (llum marida)
fuq l-istess triq li darba ilu ħafna
imxiet bil-qilla tbaqbaq taż-żgħożija,
bil-kotba f 'idha u bl-istilla ħamra,
tippompja d-demm fis-sebħ ta' dir-repubblika.

Timxi w titkaża Vaska Vassiljeva,
tħoss li dil-belt – li darba kienet tagħha –
telgħulha mfafet kbar ma' wiċċha kollu,
minkejja li kull sena baqgħet tiġi
r-rebbiegħa kollha xemx u kollha fjuri,
minkejja l-ħoss irqajjaq tal-għasafar.

U titkaża din Vaska Vassiljeva
xħin tilmaħ fil-metrò lil Bojko Dinov
mixħut maħmuġ jittallab għall-perkaċċi.
U titkaża din Vaska Vassiljeva
xħin tara lil Tatjana sejra zzappap
għal ħdejn is-suq biex tkanta bil-bott f 'idha.
U titkaża din Vaska Vassiljeva
xħin tara lis-sinjuri bl-ingravata
sejrin iqattgħu l-lejl bit-tfajiet jinżgħu,
bil-wiski u s-sigarri l-każino.

Diż-żiffa ġarret magħha lir-rebbiegħa
kollha xemx, kollha fjuri, kollha għasafar.
Bilqiegħda fuq dal-bank bil-bastun f 'idha,

VASKA VASSILJEVA

This breeze has brought the spring along
full of sunshine, full of flowers, full of birds.
Vaska Vassiljeva steps outside to sit
on the bench that always waits for her.
At 87 she goes rummaging about
amongst the memories of this, her native city,
and places her legs (now crippled) once more
on the same street where years ago
she strode throbbing with the strength of youth
clutching her books and with the red star
pumping the blood of this Republic's dawn.

She walks in dismay – does Vaska Vassiljeva,
feeling that this city – which once was hers –
has grown big warts all over its face,
though every year the spring returns
full of sunshine, full of flowers, full of birds.

And Vaska Vassiljeva is dismayed to find
Bojko Dinov lying dirty in the metro
begging for small change.
And Vaska Vassiljeva is dismayed
to see Tatjana limping to market
off to sing, with a tin-can in her hand.
And Vaska Vassileva is dismayed
to see the wealthy men in ties,
off to spend the night with strippers
with whisky and cigars in the casino.

The breeze has swept the spring along
full of sunshine, full of flowers, full of birds.
Sitting on her bench, stick in hand,

din Vaska Vassiljeva trid titgħallem
l-iskali u l-arpeġġi tas-suq ħieles,
trid tifhem x'sar mill-kredu li rabbieha,
trid tifhem għala l-korvu wkoll qed jgħajjat
messaġġi ġodda li dari qatt ma nstemgħu,
trid tiftaħ ktieb l-istorja ħa tiskopri
liema kapitlu kien hemm bżonn jitħassar,
liema passaġġ suppost mhux qiegħed hemm.

Għax xorta baqgħet tersaq ir-rebbiegħa,
minkejja l-bott il-vojt li ġġorr Tatjana,
minkejja l-ħmieġ fuq ħwejjeġ Bojko Dinov,
minkejja l-uħux l-oħra fil-metrò.

Vaska Vassiljeva must learn
the scales and arpeggios of the free market,
must forget the credo of her upbringing,
must take in that even the crows are cawing
strange slogans not heard in former times,
must consult history books to discover
which chapter should have been erased,
which passage shouldn't have been allowed.

Because spring continues to arrive,
despite the empty can Tatiana carries,
despite the dirt on Bojko Dinov's clothes,
despite other ghouls in the metro.

AUSCHWITZ

It-tieni darba

Sabiħ u aħdar il-ħaxix ta' Auschwitz,
jistiednek tinżel għarkubbtejk u tbusu.
M'għadux irejjaħ gass u lanqas m'għadu
mxarrab bit-tikek griżi miċ-ċumnija.

Aħdar lewn in-nifs ħiereġ mill-ħamrija.

AUSCHWITZ

The second time

The grass at Auschwitz is soft and green
inviting you to kneel and kiss it.
It no longer smells of gas and neither
is it flecked with grey by the chimney.

It is a green breath issuing from the soil.

Tkanta bħal għasfur midrub Nina Czerkies.
Anki jdejha: kif jgħannqu lill-kitarra
jinbidlu fi ġwenħajn bid-demm iqattar.
Jew forsi l-vodka qiegħda tħożż l-istampi
li ġbart mill-kantunieri ta' Varsavja
li m'għandhom x'jaqsmu xejn ma' din il-lejla
ġo dan l-appartament ifur b'dan l-għana
li jirreġistra biss is-solitudni.

NINA CZERKIES

Nina Czerkies sings like a wounded bird.
Her hands too: as soon as they light on her guitar
turn into wings dripping blood.
Or it might be the vodka scribbling pictures
I gathered at the corners of Warsaw
and have nothing in common with this night
in this apartment overflowing with the music
only solitude can register.

FI PLAC ZAMKOWY
Dakinhar tal-Ġimgħa l-Kbira f'Varsavja

Miġbura għalenija f 'nofs il-pjazza
f 'idejhom xemgħat żgħar idaħħnu n-niket
taħt kurċifiss jinġarr bil-ġabra kollha.
Jolanta titlob bil-kuruna f 'idha,
tiftakar fil-kelmiet ta' Ġwanni Pawlu,
tiftakar fil-lejl l-ikrah tal-pajjiż.

Xagħarha jiddendel 'l isfel għal nofs daharha,
riġlejha jħaffu l-kalvarju ta' Kristu.

Għadha toħlom bil-minġel u l-martell.

Ma' kull stazzjon mudlam tal-via crucis
titwarrad il-memorja ta' snin ilu –
l-istorja m'hemmx għalfejn tinbidel f'kotba,
l-istorja tibqa' tgħix imqar fit-telqa
tal-ġisem dejjem għeri ta' Ġesù,

tal-ġisem dejjem mejjet ta' Ġesù.

PLAC ZAMKOWY
Good Friday in Warsaw

They're gathered peacefully in the square
holding small candles with sorrow in their smoke
under a crucifix solemnly carried.
Jolanta tells her beads remembering
the words of Pope John Paul, remembering
the country's terrible night.

Her hair hangs more than halfway down her back,
her legs move to the pace of Christ's calvary.

She is still haunted by the sickle and the hammer.

At every dark stage of the fourteen stations
the age-old memory starts to sprout –
history doesn't need books to be recorded,
history lives on even in the slumping
of Jesus' body, eternally naked,

of Jesus' body, eternally dead.

PLACE SAINT-MICHEL

lil Nikol

Għandi boċċa tal-ħġieġ bi fjura ħamra
impittra fuqha. Xi darba noqogħdu
nilagħbu biha, int u jien waħidna.
Oqgħod intilef fil-petali jagħqdu,
u jien niġborhom minn mal-art mejtin.

PLACE SAINT-MICHEL

for Nikol

I have a marble with a red flower painted on it.
One day we'll play with it, you and I alone.
You will be spellbound by the spinning petals
and then I'll pick them when they're dead.

Timxi qisek għasfur itir fix-xita
lejn l-aħħar metru l'hemm merfugħ għalik.
Trid tieqaf xi mkien u tpoġġi ħa tisma'
lil dik it-tfajla tibki mal-kitarra,
bix-xita xxarrab xagħarha ftit lilhinn,
bid-dmugħ li joħroġ jaħraq bejn il-kordi.
Tiġi bintek fl-età; madanakollu
trid tieqaf tismagħha tgħallmek is-sewwa
bin-noti li tgħannilek hi u tibki.
Trid tieħu pawsa qabel l-aħħar metru,
trid tieqaf ftit ħa tqalleb ir-ritratti
ta' ommok, ta' missierek u ta' ħutek,
tipprova tifhem l-għala d-differenza.
Jew tqalleb ir-ritratti tal-maħbuba
li resqu lejk biex iħobbuk waqt l'inti
dawwart il-ħelu wiċċek lejn naħ' oħra.
Trid tieħu pawsa qabel l-aħħar metru,
trid tieqaf ftit biex forsi fl-aħħar tifhem.
Imma kif tista' tiġbor baħar f'ħafna?
Kif tista' ssorr dan kollu proprju issa?
Tiftakar darba waħda x'kien ġaralek?

OLIVER PLUNKETT STREET, CORK

You walk like a bird drenched in the rain
towards the last metre that's been reserved for you.
You want to stop some place and listen
to that girl with her guitar weeping nearby,
with raindrops falling on her hair
and warm tears emerging from the strings.
Though she's young enough to be your daughter,
you still want her to teach you the truth
through the notes she sings while weeping.
You're in need of a breather before the last metre,
you need to browse through the pictures of
your mother, your father and your siblings,
try to understand why you're a stranger.
Or flip through the pictures of those lovers
who came along to love you, while you
turned aside your excellent face.
You're in need of a breather before the last metre,
to have a pause so at last you'll understand.
But how can you grab the sea in your hand?
How can you pack away all this now?
Do you remember what happened to you once upon a time?

SLÀN

Illum se toħroġ waħdek tpejjep barra.
Se ttebba' wiċċek abjad bis-sħab iswed
u, agħar minn hekk, das-sħab ħa tieħdu miegħek.
Għajnejk nirien bl-iljieli twal bla rqad
jaraw mill-ġdid ix-xeni twal tal-bieraħ
u dlonk, mingħajr ma jridu, jaħbtu jdemmgħu
xħin jisfumaw l-uċuħ li l-bieraħ tbissmu,
u l-ilħna li kantaw l-għanjiet tal-qedem
jintilfu f'nofs il-mitjar mnejn se titlaq.

Dieħel id-dlam ġol-ajruplan għax mietet
u ndifnet ix-xemx, u trid tara, issa,
il-baħar kbir li hemm imqajjem taħtek.
Tongħos. Għajnek tmur bik u tibda toħlom:
sitt għasafar jistrieħu maġenb xmara –
wieħed minnhom irid iqum itir,
b'boqq' ilma f'gerżumtu, b'werqa f'munqaru,
ġwenħajh marbuta bid-demm li ħariġlu.
Il-ħamsa l-oħra jtiru jtiru jtiru,
u dan jibqa' jogħtor, jirtogħod u jmut.

Tistenbaħ f'daqqa ħa ssibek f'nofs ajru
bil-baħar imqajjem xi mkien hemm taħtek,
u tħalli l-werqa taqagħlek għal isfel,
tobżoq il-boqqa ħa tlaħlaħ id-demm.
Int u ddawwar iċ-ċavetta biex tidħol
tintebaħ li bilkemm tista' tara:
'dwarek inġabar magħqud is-sħab iswed –
hemm il-kesħa ħierġa minn taħt il-bieb;
tiftaħ u ssib is-skiet ġej jiġri jgħannqek,

jagħtik merħba lura lejn l-umdità.

Fir-rokna tisma' par ġwenħajn iridu
jinfetħu beraħ biex jibdew itiru.

SLÁN

Today you'll go for a smoke by yourself.
You'll blotch your pale face with dark clouds
and, worse, you'll take those clouds with you.
Your bloodshot eyes (from all the late nights)
will go over yesterday's drawn-out scenes
and then, despite yourself, you'll feel tearful
as yesterday's smiling faces fade away,
and the singing becomes distant history,
lost on the runway from where you take off.

Darkness creeps inside the plane
because the sun is dead and buried.
Then you'll see the huge, woken sea beneath you.
You doze off. You're asleep and start to dream:
six birds perching by the riverbank –
one of them means to rise and fly
with a sip of water in its throat, a leaf in its beak.
Its wings are bound and bloody.
The other five fly and fly and fly,
but this one stumbles, shivers, dies.

You wake with a start suspended in mid-air,
the woken sea lying somewhere below,
and you let the leaf fall,
you spit out the sip and rinse away the blood.
Later when you turn the key to go inside
you realize you can barely see:
around you thick black clouds have gathered
and the cold escapes from under the door.
You step in and silence embraces you,
welcomes you back to the damp.
From the corner comes the sound of wings
fluttering open, ready to fly.

IL-POEŻIJI TAL-MEDUSA

"Waħxha u sbuħitha divini"
PERCY BYSSHE SHELLEY, 'Il-Medusa ta' Leonardo
da Vinci fil-Gallerija Fjorentina'

GOST

Hawn, mill-qurriegħa, ħiereġ l-akbar wieħed:
għajnejh ħomor jaraw aħjar minn tiegħi –
jaraw 'il bogħod, jaraw 'il ġewwa ħafna.
Minn ngħasi ħirġin gzuz, irqaq u suwed –
m'għandhomx kwiet, lanqas jafu kif jistrieħu.
Irqaq irqaq ħa jidħlu fejn ħadd aktar
ma joħlom li jista' jmur. Minn fuq għonqi
ħiereġ leġjun, massiv, tal-biża', qawwi.
Bi lsienhom twil, ippuntat ħalli jferu,
ħiereġ mit-tbissima li xxaqqaq wiċċhom.

Meta nħares lejja… il-gost li nieħu!
L-għaxwa, l-pjaċir iregħedli ġismi kollu.
Il-weġgħa li tgħawwiġni u tkissirni.
Aħħ! Dawn il-ħalel! Aħħ! Is-suriet strambi
ta' rasi riesqa mingħajr kliem mal-mera.
Ħares lejja: għidli qatt rajtx wiċċ isbaħ.
Għoddhom is-sriep jitkgħawġu minflok xagħri.
Ara, xagħri jitwal kuljum, jiggoffa,
jiġbor dak li nixtieq inżomm għal dejjem.
Jixtieq iweġġgħek u jibdlek fi statwa.

Issa. Ħares sew. Ħares sewwa lejja:
jien għadni niftakar kollox, kull ħaġa
l'għidtli, li għidtlek, kull girfa li griftni
int u tissara magħhom fid-dlam. Magħhom –
mas-sriep jimmaljaw rasi. Kemm inħobbhom!

54

THE MEDUSA POEMS

"Its horror and its beauty are divine"
PERCY BYSSHE SHELLEY, 'On the Medusa of
Leonardo da Vinci in the Florentine Gallery'

PLEASURE

Here, the crown emits the biggest one:
its red eyes are more potent than my own –
they look far, can see down to the depths.
From my temples emerge heaps, thin, black –
squirming non-stop, incapable of rest.
Thin enough to enter spaces where nobody else
could dream of going. Above my neck
swarms a legion, massive, fearful, strong.
With long tongues, pointed to wound,
sticking out from the smile that cracks their faces.

When I look at myself… it's so delightful!
The swoon, the pleasure thrills my whole body.
The pain that twists and breaks me.
Oh! These waves! Oh! The weird shapes
my head assumes wordless before the mirror.
Look at me: have you ever seen a lovelier face?
Count the snakes writhing in place of hair.
See, my hair grows daily, thickens,
gathers up all I want to hold forever.
It longs to hurt and change you to a statue.

Now. Watch carefully. Look properly at me:
I still remember everything, every word
you told me, I told you, every scratch you inflicted
while you struggled with them in the dark. With them –
with the snakes tangling my head. How I love them!

SHELLEY

Illejla 'qas norqod. Noqgħod infittex
lil dik il-mara sbejħa bis-sriep f'rasha.
Infittxha mat-triqat kollha mudlama,
nimxi ħafi biex ma nsemmax il-passi,
biex ħadd ma jsir jaf b'dar-raġel bla ndiema
li l-lejl iqattgħu jħuf għad-demm tan-nisa.
F'xi ħin jew f'ieħor nimmarkaha tiġġerra
hija wkoll, għax bħali tħobb it-triqat,
tħobb il-lejl u d-demm u l-irmied u l-karba
tat-triq li tkun għaddejja tiġri minnha.
Ħa nfittxha 'l dil-mara tas-sriep, ħa nsibha.
Ma nafx min se jsib 'il min: jekk hux hija
tħuf għall-vittmi, jew jien li rrid nintemm.

STATWA

Għada ma nqumx. Ittawwalx driegħek tfitt xni
biex tibda l-jum bl-imħabba. Tqumx tfittixni.
Se nkun fit-triq mnejn kulħadd jibża' jgħaddi.
Se nkun hemmhekk fejn ħadtek darba waħda
u bżajt għax qrajt l-istorja vera tiegħi.
Se nkun b'dahri lejk u b'ħarsti lejn l-għabex.
Se nkun kwiet ħafna u se nkun tal-ġebel.

LINDA

Il-lejl ta' qabel ma rnexxilhiex torqod.
Il-lożor għamlithom baħar imqalleb,
ġisimha daqqa dgħajsa, daqqa ħuta.
Mal-ħġieġ tat-tieqa qamar jittawlilha,

SHELLEY

Tonight I won't sleep. I'll go in search
of that lovely woman with snakes on her head.
I'll look for her in all the dark streets,
going barefoot to dull my footsteps,
so no one knows of this remorseless man
who spends the night hunting the blood of women.
At some point I notice she too wanders,
that like me she is a lover of the streets,
of the night, the blood, ashes, the moan
of the street she runs along.
I'll look for this snake-woman, I'll find her.
I'm not sure who'll find who: whether it's she
who prowls for victims, or I who want to end.

STATUE

Tomorrow I won't wake up. Don't reach for me
to start the day with love. Don't wake and look for me.
I'll be on the street where everyone's afraid to walk.
I'll have gone where once I took you with me
and where, frightened, you read the truth about me.
I'll have my back to you and my eyes towards the sunset.
I'll be dead silent and I'll be made of stone.

LINDA

The night before she couldn't sleep.
She made a rough sea of the sheets,
her body sometimes a boat, sometimes a fish.
The moon looked through the window

57

iħares lejn ġisimha kollu mqadded,
jgħannilha l-poeżiji ta' żgħożitha
biex forsi, ma tafx kif, jeħodha n-ngħas.

'Mm' hi ma tistax torqod. Fil-baħar magħha
daħlilha d-dell ta' raġel iżgħar minnha,
baħħar mifrux fuq l-ibħra, fl-aħjar tiegħu.
Id-dell mifrux fuqha u mkeffen taħtha.
Bir-riħ fil-qala' ibaħħar ibaħħar
u nifisha mbagħad jinqata' jinqata'
sa ma fl-aħħar, minn taħt il-għajn tintebaħ
li telaq il-qamar, li żernaq fl-aħħar,
u tħalli l-baħar warajha ħa tilbes.

Quddiem il-mera tixjieħ u tisbieħ.
Bil-lapes, taħt għajnejha, żewġt isriep.
Stikk aħmar qawwi fuq xufftejha mnejn
minn hawn u ftit ieħor ilsienha jfiġġ
u jħalli t-togħma ħelwa tal-velenu.

and regarded her wrinkled body
while crooning the poetry of her youth
in the hope, who knows, she might feel drowsy.

But she cannot sleep. In the sea beside her
the shadow of a younger man appears,
a sailor from across the oceans in his prime.
The shadow's spread over her, wrapped under.
With a squall propelling him, he sails, sails
and she catches her breath, catches her breath
till at last, with a sidelong glance, she notices
the moon has gone, it's dawned at last
and she leaves the sea to dress herself.

Before the mirror she grows older and lovelier.
She pencils a snake under each eye.
She draws a bright red stick on her lips
out of which soon her tongue will dart
leaving behind the sweet taste of poison.

IT-TRAB U L-ILMA

Inżajthom dawk it-tubi kollha kimika;
f'nofs ta' lejl iddeċidejt li tinża' ismek,
li tinża' l-kutri bojod b'riħa stramba;
iddeċidejt li tinża' l-ġrajja kollha,
li tinża' l-ħażna kbira mediċina,
u ddeċidejt li fl-aħħar tinża' 'l ġismek.

Fuq dis-sodda mortwarja l-ħjiel tat-torba
bajda daqs l-infermiera żżarma kollox;
il-ħjiel tat-tajn li nixef trab minkejja
l-aħħar ilma jitbattal mill-pulmun.

DUST AND WATER

You stripped off all your tubes of chemistry;
in the night you decided to cast off your name
and throw off the white blankets that smelt strange:
you decided to cast off the entire event,
to throw away your store of medicine,
finally to strip off all your body.

On the mortuary bed a trace of lime
white like the nurses takes care of the rest;
the trace of mud that turned to dust despite
the gob of water emptied from the lungs.

Bil-mod il-mod tintemm dis-sinfonija
u tħalli biss warajha ftit dlam mejjet;
ftit skiet, ftit vojt li qatt m'hu se jimtela;
u lili nħares mgħaġġeb lejn ix-xejn.

* * *

Mal-ħajt id-dellijiet ta' noti skuri
li ħarbu jiġru minn ġol-partitura.

* * *

Qisu xmara nieżel dal-vjolin. Qisu
id-dmugħ tax-xita mal-ħġieġa tat-tieqa.

Nisimgħu ħa nsir boqqa ilma ċara
bil-ġilji bojod li jgħumu fil-wiċċ.

* * *

'mbagħad jaqa' s-skiet u miegħu naqgħu aħna.
Ninsew l-istorja kollha; ninsew kollox;
ninsew il-ħarsa muta ta' fuq wiċċna;
ninsew il-ġilda lixxa li ħabbejna;
u f'dan id-dlam ninsew ukoll min aħna.

'kk indur fuqek ħa nistaqsik min inti,
tipponta lejn id-dlam bħala tweġiba.
'kk iddur fuqi ħa tistaqsini ismi
nipponta lejn is-skiet bħala risposta.

MAHLER: NINTH SYMPHONY, LAST MOVEMENT

This symphony ends ever so slowly
and leaves in its wake some dead darkness;
some silence, some emptiness, never to be filled:
and me dumfounded, staring at the nothingness.

    * * *

Against the wall the shadows of dark notes
that have fled away from the score.

    * * *

This violin flows like a river. It's like
tears of rain against the window pane.

I listen and become a clear pool of water
with white lilies floating on its surface.

    * * *

Then silence falls and with it so do we.
We forget the whole story, forget it all;
we forget the dumb stare upon our faces;
we forget the smooth skin we loved;
and in this dark we forget who we are.

If I turn to you and ask who you are,
you point straight at the darkness in reply,
if you turn to me to ask my name
I point at silence as my reply.

Għax issa ndaqqet kollha s-sinfonija –
warajha m'għad hawn xejn għax kollox spiċċa.

jew kważi… għaliex ġieli donni nisma'
ftit weraq nieżel mejjet bla kulur.

* * *

Perikoluż dal-ħoss kif taqa' d-dalma,
għax jista' jieħdok miegħu lejn il-baħħ.

Because now the symphony has been played –
there's nothing left since all is finished,

or almost – because often it seems I hear
the fall of dead leaves devoid of colour.

    * * *

This sound is hazardous when darkness comes,
it can carry you with it into its void.

MANFRED

Dalwaqt jasal it-tren li xbajt nistenna –
il-bieb tal-istazzjon ġa qed jitriegħed,
il-mara ta' maġenbi, li bdiet tongħos,
ħarġet mera u qed tirranġa xagħarha.
Qed nikteb l-aħħar ittra lil qrabati,
lil dawk li għexu tul is-sekli l-0ħra,
lil dawk li llum ma nafx eżatt x'sar minnhom,
lil dawk li qatt ma rajt għax qatt ma twieldu.
Fil-fatt ktibtilhom ħafna drabi oħra
mingħajr ma ħadd indenja jikteb lura.
U issa iddejjaqt – din l-aħħar ittra:
Għeżież, irrid il-ksieħ, irrid ninġazza,
irrid ir-riħ mit-tramuntana jiġi
joħroġli d-dmugħ mill-iswed karg t'għajnejja,
irrid il-borra twaqqa' s-skiet madwari
fuq dal-muntanji jimmarkaw is-sekli
li għext fil-kwiet qabel ħakimni l-baħar
li mbagħad telaqni għaxi fuq art mogħxa.
Irrid inħoss il-ksieħ, irrid ninġazza
sakemm inħoss id-demm jibbies fil-vini
u nibqa' nħares fiss sa ma nsir ġebla.
Sa dakinhar li jseħħ dan kollu nibqa'
bilqiegħda hawn nistenna l-ferrovija.

Bi flokk kulur l-inbid u dublett vjola,
dil-mara ta' maġenbi qisha seqer,
trid taqra t-taħżiż kollu li qed nikteb,
b'għajnejha tifli l-kliem li ma tafx taqra.

Dalwaqt jasal it-tren li qed nistenna –
il-bieb tal-istazzjoni ġa qed jitriegħed,
il-mara ta' maġenbi, li bdiet tongħos,
ħarġet mera u qed tirranġa xagħarha.
Ma nafx eżatt kemm drabi kont hawnhekka.

MANFRED

The train I'm tired of waiting for is about to come –
the station door is shaking.
The woman next to me, who had dozed off,
takes out a mirror and arranges her hair.
I'm writing my last letter to my relatives,
to those who lived in bygone centuries,
to those whose whereabouts I no longer know,
to those I've never seen since they were never born.
In fact, I've written to them many times
but no one's ever bothered to reply.
I've had enough – this is the final letter:
My dears, I want the cold, I want to freeze;
I want the north wind
to bring tears out of my dark, black eyes;
I want the snow to shed silence around me
on these mountains marking the centuries.
I lived quietly until the sea overpowered me
and then left me feeble on barren land;
I want to feel the cold, to freeze
until my blood congeals inside my veins,
and stare fixedly until I turn to stone.
Until that happens I'll sit here waiting for the train.

Hawk-eyed, the woman next to me,
in a wine jersey and purple skirt,
tries to make sense of my scribble,
her eyes scanning words she cannot read.

The train I'm waiting for is about to come.
The station door shakes;
the woman next to me, who had dozed off,
takes out a mirror and arranges her hair.
I've no idea how long I've been here.

67

Wisq naħseb li 'l hawnhekk m'jien qatt se nersaq
u 'l dil-mara ma nerġa' naraha qatt.

U mur ara! Tkun kantuniera oħra
li dort magħha mingħajr ma qgħadt nistenna.

Qed ngħoddhom il-kantunieri li mxejt;
id-djar strambi u maħmuġa li żort.
Fuq ktejjeb qed inniżżel l-indirizzi
biex ma ninsiex, biex meta nimrad b'moħħi
inħares lejn il-lista w nibda naħseb
li għext f'kull indirizz, li kont xi nomadu,
meta fil-fatt bqajt dejjem hawn, nillarga
biss għal naqra biex nerġa' ngħaġġel lura
f'dan l-istazzjon nistenna l-ferrovija,
inħares lejn dil-mara tomxot xagħarha
ħalli kif tlesti terġa' tibda tongħos,
u qajla tkun intebħet li maġenbha
hawn raġel qed jistenna l-ferrovija
ħalli kif tasal iħalliha sejra
u jerġa' jibda jikteb: *qed nistenna*
qed nistenna qed nistenna nistenna
fi stazzjon, ħdejn mara tongħos, nistenna
forsi fl-aħħar tasal il-ferrovija.

Most likely I'll never return to this place
and I won't see this woman ever again.

So what! That would be just another corner
I'd have turned without waiting.

I'm counting the corners I've walked by,
the strange and filthy places I've visited.
I put the addresses down in a notebook
lest I forget, so that when I go insane
I'll think I lived in all those places as a nomad
when in actual fact I've never left this place,
unless for short whiles and then hurried back
to this station to wait for the train
and look at this woman brushing her hair,
readying herself to doze off again
without realizing that next to her
a man is waiting for the train
to arrive and he misses it and writes:
I'm waiting, I'm waiting, I'm waiting
at the station, near a woman who's dropped off;
I'm waiting, hoping this train will finally turn up.

PLAZA DE LA CORREDERA, CORDOBA

I

Immaġinak qed taqsam din il-pjazza,
nuda daqs Alla fis-seba' ġurnata;
taħt saqajk demm il-barri għadu jaħraq,
ma' xagħrek warda ħamra naqra niedja,
f'idejk ix-xellugija mrewħa sewda
lewn l-inbid ħelu manna mferra' kiesaħ
għadek ittiegħmu bejn xufftejk imlaħħma.
Qiegħda taqsam il-pjazza bla tintebaħ:
minn wara bieb imbexxaq, bla ma jidher,
hemm dal-poeta iblah iħarislek.

Immaġinak kif tasal f'nofs il-pjazza,
nuda bħal Alla fis-seba' ġurnata;
riħet id-demm imxerred qed tissaddad,
ma' xagħrek warda niexfa qiegħda tibki,
f'idek ix-xellugija ġġorr bagalja
bi ħwejġek mitwijin li bdew jitkemmxu
u bl-ittri li rċevejt bla qatt ma ftaħthom.
Wasalt fin-nofs tal-pjazza w bdejt tinduna –
taħt waħda mill-arkati hemm poeta
qed jistudjak bil-ħarsa tal-barrin.

Immaġinak li mxejt sa tarf il-pjazza,
nuda daqs Alla fis-seba' ġurnata;
ix-xita nieżla qliel biex tnaddaf kollox,
għajnejk, xufftejk u xagħrek jerħu ż-żebgħa,
idek ix-xellugija qed titniegħed,
'dwar żokortok hemm baħar qed jitqalleb,
f'saqajk hemm l-għeja ta' dil-mixja twila.
Wasalt fit-tarf u dort biex tħares lura:
poeta xwejjaħ fl-aħħar jum ta' ħajtu
iħejji ħalli fl-aħħar jidħol fik.

70

PLAZA DE LA CORREDERA, CORDOBA

I

Imagine starting out across the square
naked as God upon the seventh day –
underfoot the bull's blood is still boiling,
a slightly moist red rose is in your hair,
in your left hand there's a black fan
the colour of sweet wine that was poured cold
and which your full lips can still savour.
You are crossing the square without noticing
that out of sight behind a half-closed door
staring at you there is this foolish poet.

Imagine you've reached the middle of the square
naked as God upon the seventh day –
the reek of spilt blood's growing rusty,
in your hair a dry red rose is wilting,
in your left hand you now carry a suitcase
with folded clothes that are starting to crease
and letters you've received but never opened.
You're right there in the middle when you notice
under one of the arches there's a poet
studying you – his look is a bull's look.

Imagine that now you're across the square
naked as God upon the seventh day –
the rain is pouring down and cleansing everything,
your eyes, your lips and hair are leaking dye,
your left hand is in distress,
your navel's lost in a stormy sea,
fatigue from the long walk weighs down your legs.
You've reached the edge and turn to look back:
an aging poet at the end of his days
is getting ready at last to enter you.

II

Inżel hawnhekk, fi Plaza Corredera,
u ħares lejn l-irġiel u n-nisa skuri,
tbissmilhom b'xufftejk biss, ħarsilhom bl-ikrah,
soddhom widnejk, tismax l-għajat tal-folla.
Minflok, issemma' l-passi riesqa f'daqqa
ta' dak ir-raġel wieqaf dritt faċċata –
ir-raġel armat sew ħa jferi 'l-barri;
għajnejh żewġ xwabel żgħar, żewġ sjuf imsinna,
xufftejh persjana mbexxqa f'nofs ta' lejla.

La l-barri jitfaċċa tqum l-agħa tal-folla.
Dak ir-raġel li waqaf dritt faċċata
jipponta s-sjuf, jipponta sew ix-xwabel.

Bilqiegħda b'kafè iswed, int u tpejjep,
il-ħdura t'għajnejk kbar tirkaċċa tajjeb
mad-demm li hemm jispjana ċ-ċangatura
fejn tmiegħket ruħ il-barri hija w ħierġa
mal-ħamsa bumm ta' wara nofsinhar.

III

Erbgħin grad. U l-għatx u l-għaraq u l-għafja.
Tneħħi s-sandli u ttella' saqajk ħafja
fuq siġġu vojt faċċata fejn ftit ilu
kien qed jistrieħ it-toreador għajjien,
kemm kemm sturdut bl-għajat qabbież tal-folla.

Erbgħin grad. Qiegħda tiġbed xagħrek toppu.
Iz-zokkor f'qiegħ il-kikkra. U l-irmied.
Erbgħin grad. Hemm il-qamar jipprepara

72

Come, come down here, to Plaza Corredera,
stare at the dark women and the men,
smile with your lips only, keep your eyes hard,
stop up your ears, ignore the noisy crowd.
Instead, just listen to the prancing
of that man standing there right opposite –
the man who's fully armed to wound the bull;
his eyes two tiny swords, two sharpened daggers,
his lips, shutters ajar to the night's depths.

The bull appears, the crowd's murmur swells.
That man who positions himself right opposite
raises his swords, aims his daggers well.

You sit and smoke, sipping a black coffee,
your big green eyes blending well with the hue
of blood rusting the tiles
where the bull's writhing soul was spewed
as five struck on that afternoon.

III

Forty degrees. Thirst and sweat and lassitude.
You take your sandals off, place your bare feet
up on the empty chair where, opposite you,
a short while ago, the weary toreador rested,
dazed by the hefty cheers of the crowd.

Forty degrees. You draw your hair into a bun.
There's sugar in the bottom of your cup. And ashes.
Forty degrees. The moon is about

ħalli jitla' jaħbi d-demm li għad hemm
fil-fili maħmuġin taċ-ċangatura,
jifrex liżar biex ikeffen il-mewt.
U tħares lura lejn ix-xiħa sbejħa
bilqiegħda fuq banketta tbigħ l-imriewaħ,
f'għajnejha lewn il-qastan tara l-folla
torgażma malli tara d-demm jixtered.

Minn taħt l-arkati, immarka lir-raġel
li għadu qed ifittxek bid-demm m'idu.
B'għajnejk neħħilu ħwejġu; erfa' rasek
kif tikxiflu s-seħer ħa ssaħħru b'tiegħek
– seħer ma' seħer, misteru f'misteru,
ħarsa ma' ħarsa, l-barri lest għall-ġlieda.

Erbgħin grad. U bil-libsa mwaħħla miegħek.
Dubbiena kbira kbira ttir ħdejn għonqok.
U toħroġ sigarett ieħor ħa tpejpu
fis-skiet ta' wara nofsinhar, tal-ħarsa,
fis-skiet tal-fwar qed jemigra mill-kikkra
lejn għajnejk ħodor idubu bħall-għajta
tal-barri mixħut minn tulu mal-qiegħa,
għajnejh f'għajnejk ifittxu eleġija.
Tard wara nofsinhar għajnejh jinxfulu.

Erbgħin grad. Din il-pjazza tidfen barri
'mma tinsa taħsel demmu. U allura,
bilqiegħda b'kafè iswed int u tpejjep,
il-ħdura t'għajnejk kbar tirkaċċa tajjeb
mat-tifkiriet iħufu ma' kull rokna.

Erbgħin grad. 'Mma kif tqum ħa tmur biex torqod,
ma' ġismek għarqan xraba tħoss id-dehxa,

to rise and hide the blood that's still there
soiling the grooves between the tiles,
spreading a sheet that can shroud death.
You turn your head to look at the old woman,
lovely still, sitting on a stool selling her fans,
and you see in her chestnut eyes the crowd
orgasmic at the blood being shed.

And there under the arches, mark the man
still searching for you, his hand smeared with blood.
Let your eyes remove his clothes; raise your head
as you divest him of his curse, bewitch him with your own
– spell within spell, mystery entwined with mystery,
gaze locked to gaze, the bull is ready for the fight.

Forty degrees. Your dress clings to you.
An enormous fly teases your neck.
And you pull out another cigarette to smoke
in the silence of afternoon, of the gaze,
in the silence of vapour drifting from the cup
towards your green eyes melting
like the bull's cry stretched in the rot,
his eyes seeking an elegy in yours.
Late in the afternoon his eyes turn dry.

Forty degrees. This square buries a bull
but forgets to wash away its blood. And so,
as you sit with your black coffee, smoke,
the green of your big eyes mingles
with memories that reach into the corners.

Forty degrees. But as you rise and make your way to bed
your body drenched in sweat suddenly shudders,

xufftejk jirtogħdu ftit, iċekċku snienek.
Warajk se tħalli raġel armat sewwa,
se tħalli poplu sħiħ jinħall għad-dmija
ta' barri mitluq fl-art fin-nofs tal-pjazza.

CODA

Minn fuq il-mejda l-waiter jiġi jnaddaf
il-kikkri u l-irmed tas-sigaretti.

IV

Għad għandi t-togħma taż-żebbuġ ħadrani,
tal-brimb tal-baħar jgħum fid-demm tal-lumi;
għad għandi x-xemx tixxotta xagħri qoxqox;
għad għandi demmi mħeġġeġ bil-flamenko,
bil-ħarsa kollha ħajra taż-żeffiena
li għallmet lil ġisimha jgħix il-mewt.

Illejla f'dil-lukanda b'erba' stilel
ħa tiġi żżurni nkiss nkiss f'kamarti
ħa nqattgħu l-lejl inqaddsu l-ilma ġieri.

Ħudni miegħek fejn mhux suppost teħodni,
ġorrni miegħek fejn mhux suppost iġġorrni –
fir-rokna riservata għal ħaddieħor –
ħabbilni bla nintebaħ gol-għanqbuta,
busni fit-tul sakemm jinqata' nifsi,
aħbini b'dik l-imrewħa lewn il-mewt.

Għajnejk bħal kibru jien u nneħħi ħwejġi,
ħassejthom kemm kemm niedja tilgħin miegħi:
mas-swaba' ta' saqajja, ma' riġlejja –

76

your lips tremble and your teeth chatter.
You're leaving one fully armed man behind,
leaving a whole population soaked in the blood
of an abandoned bull stretched full-length in a square.

CODA

The waiter comes to clear the table
to remove cups and ashes.

IV

I can still savour the taste of those green olives,
the spidery cuttlefish swimming in lemon blood;
I can still feel the sun dry up my hair;
I can still feel my body quicken to flamenco,
with the inviting glances of the dancer
who taught her body how it could live death.

Later in this four-star hotel she'll steal
into my room for us to spend the night
in celebration of running water.

Take me with you where you're not meant to take me
carry me with you where you're not meant to carry me
into the corner that's reserved for others –
entangle me unawares inside your web,
kiss me over and over until I'm out of breath,
and let that fan conceal me with its shade of death.

Your eyes seem to have grown while I undressed.
I felt them, slightly damp, climb up my body,
my toes first, then my legs up to my waist,

tilgħin bil-gost ma' qaddi, ma' ġenbejja.
F'għajnejk kien hemm lejl twil mingħajr il-qamar,
baħar qawwi, u riefnu jinħabb miegħu.
Tilgħin it-tnejn imellsu lil żokorti,
tilgħin jiddendlu mal-ponot ta' sidri.
Imma mbagħad, ar', ma jmorru qatt f'għajnejja.
Għidli, kemm tbeżżgħek il-kruha ta' ħarsti?
Imtedd, ġo fija m'hawnx għanqbut u lanqas
m'hemm il-mewt wara l-imrewħa.
                                    Ħa ngħallmek
u nagħmlek dak li bżajt issir, ħanini.

my thighs. A moonless night was in your eyes,
a hurricane embracing stormy seas, as both rose
further up to stroke my navel, to hang
suspended from the nipples on my chest.
But see, they never ever reach my eyes.
Tell me, how scared are you of my lewd gaze?
Lie down, there are no webs in me, nor does
death lurk behind a fan.
                    Let me take you
and make you what you feared to be, my darling.

DGĦAJSA SEWDA
ftit weraq mill-Clube de Fado, Liżbona

I

Mal-għana, aqgħlaq għajnejk w ara d-dgħajsa
sewda bħall-faħam, bħal xagħri, bħall-vistu
li tleffift fih mal-ewwel jiem li aftek.

II

Mhux aħmar id-demm: iswed daqs did-dgħajsa
titbandal mitlufa ġol-ilma kiesaħ.

III

Telgħet b'xagħarha iswed ixallal rasha.
Ħarġet ruħha biex dendlitha mal-kordi
jinġibdu minn raġel bid-dmugħ ikanta.
Dil-mużika vistuża. Għalhekk jitfu
id-dwal u jħallu biss fanal inemnem:
ħalli l-iswed ta' taħt għajnejn l-għannejja,
ħa' l-irmied jindilek ma' wiċċha kiebi,
jidher-ma jidhirx, itik gost inikktek.

Telgħet b'xagħarha iswed jibki ma' rasha
u mbagħad minn ġo ħalqha ħareġ il-vistu:
     Aħna żewġ għajtiet siktin;
     Żewġ għanjiet ftit mitlufin;
     Żewġ maħbuba mifrudin.
U waqgħet sikta sewda b'ħoss ta' mewġa.

Xħin smajtha rajt id-dgħajjes diħlin lura
u x-xatt jimtedd, bil-kwiet, fis-skiet, jistrieħ.

80

BLACK BOAT
A handful of leaves from the Clube de Fado, Lisbon

I

When the song starts, close your eyes and see the boat
black as coal, as my hair, as the mourning
I wallowed in, the first days I knew you.

II

Blood is not red: black as the bobbing boat
lost in cold water.

III

She rose, her black hair like a shawl over her head.
She took out her soul and, singing tears,
hung it on strings, struck by a man.
This is mournful music; that is why
they turn off the lights and let just a lamp flicker:
so the black under the singer's eyes
becomes ashes to anoint her yearning face
visible-not-visible, pleasurable-sad.
She rose, her black hair weeping down her head
and then mourning flowed from her mouth:

We are two silent cries;
Two slightly lost songs;
Two divided lovers.

And a black stillness fell with a wave's sound.
When I heard her I saw the boats returning
and the shore lay down, quietly, silently, to rest.

IV

Dieħel riħ forza sebgħa minn ġot-tieqa.

Dieħel qamar iħobbni taħt il-lożor,
jgħattini b'saħħtu kollha waqt li nibki.
Il-mewġ nista' nisimgħu iħabbatli
ħa jidħol biex iġorrni fil-bogħod miegħu.

M'għandi xejn għajr kitarra w naqra ilma,
u kisra ħobż u dalma tistennieni.

Inżajt il-vistu, lbist il-bjuda friska
għax ridt inħossni sbejħa bħalma darba
ħassejtni meta xagħri kienli iswed.
Niftaħ saqajja, nilqa' d-dawl ġo fija:
jidħol bħal buffura ħelwa, bla tweġġa';
jidħol id-dawl u jiena nibda nixgħel
u nkanta bl-istess leħen tal-kitarra,
u nitħarrek bħall-ilma, u nintilef.

Dieħel riħ forza sebgħa minn ġot-tieqa:
dieħel dritt ifittixni, dritt ġo fija
bħall-abjad frisk tal-qamar qed jitrassas –
dieħel, dieħel dritt ġo fija, ġo fija.

V

Fis-skiet toħroġ il-mara tkanta n-niket.
Xagħarha jixxarrab bil-baħar li tkanta –
ntiegħmu l-melħ mill-qtar jiddendel ma' wiċċna.

82

IV

A force seven wind comes through the window.

A moon that loves me slips between the sheets,
covers me forcefully while I cry.
I can hear the waves beat for me,
entering to carry me far away with them.

I have nothing but a guitar and some water,
a chunk of bread and darkness wait for me.

I shed my mourning and dressed myself in white
because I wanted to feel beautiful as once
I felt when my hair was black.
I open my legs, and take the light into me:
entering like a sweet gust, without its hurting;
light comes in and I begin to glow
and sing with the same voice as the guitar.
and I move like the water, and am lost.

A force seven wind comes through the window:
comes to look for me, straight into me
like the fresh whiteness of the moon as it is –
entering entering straight into me, into me.

V

In silence the woman comes singing of sadness.
Her hair is wet from the sea she sings –
we taste the salt droplets on our faces.

Bilqiegħda faċċata tiegħek ilmaħtek
tagħlaq għajnejk u toħlom l'għadu miegħek.
Imm' ar' hawnhekk ġejt tisma' l-fado waħdek,
u la teħmed dil-mara w xagħarha jinxef
se tidħol taħt il-friex inkiss inkiss,
timtedd fid-dgħajsa s-sewda ħalli tmut.

VI

Hux veru xtaqt tmur ix-xatt u tħoll xagħrek
biex forsi tistad stilla ħalli żżommha?

Hux xtaqt titgħannaq f'xall kulur il-lejla
ħalli tħoss qalbek tħabbat daqs il-mewġ?

Hux veru xħin saqajk missew il-blat
u tela' r-raxx għal wiċċek, qam ir-riħ?

Xi darba, Marija, jaqgħu l-istilel
waħda waħda, u mbagħad tkun tista' tinżel

timtedd u tħalli l-baħar jieħdok miegħu
fejn għajn qatt rat, u widna la qatt semgħet.

Sa dakinhar ħa tibqa' tirżaħ waħdek
mar-riħ, mad-daqq tal-mewġ, fid-dlam, fid-dlam.

Facing you, sitting, I noticed you
shutting your eyes and dreaming he's still with you.
But see, you're here to listen to fado, alone.
And when this woman stops and her hair dries
you'll slip amongst the sheets, secretly,
you'll lie inside the black boat till you die.

VI

Isn't it true you wished to go to the shore and loosen your hair
perhaps to pick a star for you to keep?

Didn't you wish to embrace the shawl, colour of night,
and feel your heart drum like the waves?

Isn't it true when your feet touched the rocks
and the spray touched your face, the wind rose?

One day, Maria, the stars will fall
one by one, and you'll be able

to lie down and let the sea ferry you
where eyes have never seen nor ears heard.

Until that day you must shiver alone
in the wind, the play of waves, the dark, the dark.

Imbagħad talbitni naqralha ħarsitha.
Għidtilha, *mhux issa. M'intix qed tara*
li tlift għajnejja ġol-ilma tax-xmara?

* * *

Qaltli biex nagħlaq għajnejja ħa noħlom.
U ħlomt. U qomt. U ftaħt mill-ġdid għajnejja.
Quddiemi erġajt rajt ir-realtà.

Qabbadna sigarett u qgħadna kwieti.

* * *

Ir-riħ jonfoħ ħafif f'din il-ħarifa.
Ifuħ, iħuf, iħaffef ħalli jifraħ
bil-ħolm ħafif li jħaffer ħofra f'moħħna.

* * *

Għaraftu 'l dak li kien pinġieli wiċċi
meta kont qsamt dal-pont għall-ewwel darba.
Ersaqt sa ħdejh u rajt kemm bjadlu xagħru,
kif tgħawġu s-swaba' jiġru mal-kartuna,
iħażżu tliet uċuħ fis-siegħa. Dħaqtlu.
Hu baqa' jħares lejja donnu l-karta
li firex taħt għajnejja ħa jpinġini.
Did-darba le. Did-darba nibqgħu nħarsu
għax xagħrek bjad, u s-swaba' qed jirtogħdu;
u nibża' li did-darba jirnexxilek
tpinġini fid-dettall, eżatt kif jien.

86

NEW PICTURES FROM CHARLES BRIDGE, PRAGUE

Then she asked me to read her look.
I said to her, not now, *can't you see*
I've lost my eyes in the river water?

* * *

She told me to close my eyes and dream.
And I dreamt, and woke, and opened my eyes anew.
Before me reality reared itself again.

We lit a cigarette and stayed silent.

* * *

This autumn, the wind blows lightly.
Scented, it roams, it hurries to enjoy
light dreams that scoop a hole in our minds.

* * *

I recognized that guy who sketched my face
the first time I crossed this bridge.
I saw as I got close how white his hair had grown,
how crookedly his fingers moved across his pad,
sketching three portraits an hour. I smiled.
He kept staring at me as though I was the sheet
he'd spread before my eyes so he could draw me.
No, not this time. This time I will just look,
because your hair's grown white, your fingers shake,
and I fear that this time you'll manage
to draw in detail exactly the way I look.

* * *

Ibarqam il-ħamiem maġenb saqajja.
Maġenb saqajk munzell ta' weraq mejjet.

Sabiħ ir-riħ li jitla' mill-Vlatava.

* * *

Mad-dlam, fuq il-pont, jissallab il-gawwi:
kalm daqs ix-xmara fejn ġa raqdu l-papri,
sieket daqs raġel qed jistenna waħdu,
moribond daqs it-tama li fadallu
li titfaċċa minn imkien mara bl-abjad
u tieħdu jorqod magħha sa filgħodu
biex kif iqum itawwal idu lejha
u jsib, minflok, ix-xmara nieżla tiġri.

* * *

Qed nirżaħ fuq il-pont. Qed insir dalma.
Qed nhewden. Qed nitkellem ma' kull statwa.
Qed nara dik ix-xiħa li daħqitli
tinżel mal-art, timtedd u tmut bħal fjura.
Qed naħseb li din hija l-aħħar darba.

* * *

Neżgħet ħwejjiġha u ħarset fil-mera,
u ħalfet li rat siġra twila twila
qed twaqqa' l-frott, qed twaqqa' l-weraq kollu.

* * *

Next to my feet the pigeons coo.
Next to yours a heap of dead leaves.

A lovely wind blows from the Vltava.

* * *

As darkness falls, the gulls are crucified on the bridge:
calm as the river where the ducks sleep,
silent as the man who waits alone,
moribund as his one remaining hope
that a woman in white will jump out
of the blue to take him till morning
so when he wakes and moves his hand to touch her
he finds, instead, the river flowing swiftly.

* * *

I freeze on the bridge. I become darkness.
I hallucinate. I speak to each and every statue,
I watch that old woman who smiled at me
sink to the ground, lie down and die like a flower.
It looks like this will be the last time.

* * *

She undressed and looked into the mirror.
She swore she could see a tall tall tree
shedding its fruit, its leaves.

Ma' taħt għajnejha ħażżet sinjal oħxon iswed
u stħajlet li m'nn għajnejha niżlu l-kwiekeb
bħal trab irqiq iserraħ fuq sidirha.
Xufftejha tathom il-kulur tad-dmija.

Neħħa ħwejġu u ħares fiss fil-mera.
Qal li ra dgħajsa ċkejkna f'nofs għadira
b'żewġ siġriet mejta jitilgħu mill-qiegħ.
Imbagħad ra x-xemx ħierġa u d-dgħajsa nieżla.
Sejjaħ isimha u ħabbat il-bieb.

She drew a thick black line under her eyes
and imagined stars falling off them
to rest like fine dust on her breasts.
She painted her lips blood-red.

He undressed and stared into the mirror.
He thought he saw a tiny boat out on a lake
with two dead trees sprouting from the water.
Then the sun came up and the boat sank.
He called her name. There was a knock on the door.

LARINĠA

Jael Menahem issajjar is-soppa. B'wiċċha mal-ħajt,b'qaddha
mal-forn jew mas-sink tal-kċina, dejjem ħiemda. Jael
Menahem qalbha ttaqtaq. Tibża' li xi darba jidħol rocket mit-
tieqa tal-kċina, u jinżlilha fil-borma, fis-soppa.Qalbha ttaqtaq
Jael Menahem, l-aktar mindu Juval tagħha,dak li sa ftit
żmien ilu kien għadu jsoff sidirha, jixrobilhaħalibha, libbsuh
l-uniformi u ħaduh fejn hemm in-nar. Jael Menahem tixtieq
toħroġ timxi, jew tiġri, jew tiżfen, jew imqar timtedd mal-art,
imma tibża', tibża' ħafna. U meta titla' fuq tal-linja ħa tmur
iddur b'ommha toqgħod tifli kull wiċċ stramb li jħares lejha.
U din l-istramberija tbeżżagħha wkoll u ttaqtqilha qalbha.
U taf, Jael Menahem, li xi darba għad timtedd u tixraq u ma
tqumx. Sakemm ma jidħollhiex xi rocket mit-tieqa u jinżel
jistrieħ fis-sodda maġenbha, fejn darba kien straħ żewġha li
llum ma tafx fejn hu.

Nadwa Ħammad issajjar il-favetta. B'wiċċha mal-ħajt,
b'qaddha mal-forn jew mas-sink tal-kċina, dejjem ħiemda.
Nadwa Ħammad qalbha ttaqtaq. Tibża' li xi darba jiġi
l-ħelikopter u jispara fuq darha u s-saqaf jaqa' fuqha. Qalbha
ttaqtaq Nadwa Ħammad, l-aktar issa li s-suldati liebsa
l-aħdar daħlu jħufu 'l hemm u 'l hawn u issa, Suħejr qed
tmur l-iskola u ġieli l-iskejjel jaħsbuhom bejtiet talġrieden,
għerien fejn jgħixu x-xjaten. Nadwa Ħammad tibża' ħafna. U
meta timxi fuq il-bankina ħa tmur iddur b'ommha toqgħod
tifli kull wiċċ iħarsilha lejn żaqqha kbira. Min jaf x'jaħsbu
l'għandha taħt il-libsa? U din il-ħarsa tbeżżagħha wkoll
u ttaqtqilha qalbha. Tixtieq tant titlaq għal għonq it-triq,
issellem lil kulmin tara, titbissmilhom, tgħidilhom kemm
taf tagħmel il-favetta. U taf, Nadwa Ħammad, li xi darba

92

Jael Menahem cooks soup. Facing the wall, her waist against the oven or the kitchen sink, she is always silent. Jael Menahem's heart always beats fast. She is afraid that one day a rocket will shoot through the kitchen window and fall into the saucepan, into the soup. Jael Menahem's heart beats most of all since they have put her Juval, who until recently still sucked her breast and drank her milk, into a uniform and have taken him where the fire was. Jael Menahem wishes to go out walking or running or dancing or at least to lie on the ground, but she is afraid, very afraid. And when she gets into the bus to go care for her mother, she examines each unknown face that glances at her. And this strange behaviour makes her even more afraid and almost squashes her morale. And Jael Menahem knows one day she will lie down and choke and she will not get up again. Unless, that is, some day a rocket will come to rest by her side, where once her husband used to lie, before he disappeared.

Nadwa Hammad cooks beans. Facing the wall, her waist against the oven or the kitchen sink, she is always silent. Nadwa Hammad's heart always beats fast. She is afraid that some day a helicopter will come and shoot into her house and the ceiling will fall in on her. Nadwa Hammad's heart beats most of all now that the men in their green uniform are allowed to enter everywhere. Suhejr is going to school and often they think of schools as mice nests, devil-caves. Nadwa Hammad is very afraid. And as she walks on the pavement on her way to take care of her mother, she scrutinizes every face that glances at her big belly. Who knows what they think she's carrying under her dress? And this glance frightens her as well and makes her heart race. She wishes so much that she could just wander off, greeting all she met, smiling at them, telling them how good she is at cooking beans. And Nadwa Hammad knows. That some day she will

93

għad tisma' l-passi tqal mixjin fit-trejqa tagħha, u forsi anki t-tiri. Jew forsi għad tistenbaħ bis-saqaf nieżel jimtedd fuqha fis-sodda, fejn darba kien straħ żewġha li llum ma tafx fejn hu.

Jien, Manuel Mifsud: ismi Lhudi daqs Ġeremija u Ġesù Kristu; kunjomi Għarbi bħall-Profeta. Qabel mietet, ommi qasmitli larinġa: *Ta' Ġaffa din, ta' Ġaffa!* Ħareġ meraq aħmar, lewn in-nar, lewn id-demm. Ommi qaltli: *F'dan-nofs għandek oħtok u f'dan-nofs l-iehor għandek oħt oħra. Inżel fil-baħar u aqdef lejn il-Lvant. Xi mkien issibhom. Waħda Jael, l-oħra Nadwa.*

U Manuel Mifsud sabhom jibżgħu minn xulxin; u jibżgħu mill-karozzi tal-linja; jibżgħu mis-supermarkets; jibżgħu mit-toroq; jibżgħu mid-dlam; jibżgħu mir-rockets; jibżgħu mill-missili; jibżgħu min-nies tal-poter; jibżgħu għal ġildhom; jibżgħu għal Juval bl-uniformi tiġih kbira; jibżgħu għal Suħejr tmur l-iskola kull filgħodu; jibżgħu minn dellhom isegwihom; jibżgħu mis-skiet tal-lejl, misskiet t'Alla rieqed waħdu wara l-ibgħad kantuniera, xiħ u mutu.

Sabhom jibżgħu u sabhom għajjenin u sabhom imdejqin u sabhom mixtiqin għal mument wieħed biex iħarsu f 'għajn xulxin u forsi jibdew jidħqu.

hear the heavy boots in her little street, and perhaps even shots. Or maybe she'll be wakened by the roof descending to lie on top of her in bed, where once her husband had lain and whose whereabouts she doesn't know anymore.

I, Manuel Mifsud, have a name as Jewish as Jeremiah and Jesus Christ; my surname is Arabic, like the Prophet's. Before she died, my mother split an orange open for me: *This is a Jaffa orange, a Jaffa.* Its juice was red, the colour of fire, the colour of blood. My mother told me: *In half of this orange you have a sister, and in the other half you have another sister. Go down to the sea and row towards the Middle East. You will find them somewhere. One is Jael, the other Nadwa.*

And Manuel Mifsud found them fearing each other; and afraid of buses, of supermarkets, afraid of streets; afraid of the dark; afraid of rockets; afraid of missiles; afraid of people with power; fearful for their lives; afraid for Juval in a uniform too big for him; afraid for Suhejr who goes to school every morning; afraid of their following shadow; afraid of the silence at night, the silence of God who sleeps alone behind the furthest corner, old and dumb.

He found them afraid and weary and sad and found them longing for one moment in which they could look into each other's eyes and perhaps start to laugh.

7th January 2009

IL-LEJL SKUR TA' EDITH

Maġenbha, fis-sodda, l-ors żgħir tat-tibna
b'għajnejh żewġ ħġiġiet li qatt ma jingħalqu.
Jaf kollox l-ors: il-biki, is-silenzji,
l-iljieli rari meta mteddet għerja
mal-qamar kwinta u ntilfet fl-imħabba,
l-iljieli mat-tieqa bir-reżha dieħla,
l-iljieli tal-kafè u s-sigaretti.

Tistenna, xi darba, l'għajnha tmur biha
ħa toħlom ħolm it-tfulija, 'mma għalissa...
għalissa t-tektik tal-arloġġ u forsi
il-bieb tal-ġara jingħalaq b'tisbita
u n-nifs kalm lubien tal-ors żgħir tat-tibna.

EDITH'S DARK NIGHT

Next to her in bed the small straw bear
with glass beads for eyes that never close.
The bear knows it all: the weeping, the silences,
the rare nights when she lay down nude
in the full moon and lost herself in love,
nights standing at the cold window,
the nights of coffee and cigarettes.

She waits for sleep to overcome her
so she can dream dreams of childhood, but meanwhile...
meanwhile the ticking of the clock and maybe
the neighbour's door slamming shut
and the calm bleary breath of the small straw bear.

Għax meta nħares lejk mhux lilek nara.
Nara geġwiġija sħiħa ta' friefet
itiru f'salt bla jafu fejn se jmorru;
nara ramla kbira tgħannaq il-baħar;
nara r-riħ li saflaħħar beda jħobbni;
il-bliet li żort u t-toroq li ġrejt fihom;
il-fjuri mejta jqumu waħda waħda.
U issa xmara twila bil-kuluri
tal-petali li reġgħu ħadu l-ħajja.
Għax meta nħares lejk mhux lilek nara:
nara kollox jitwieled f'forma ġdida.

Għidli: 'il fejn sejrin maħruba l-friefet?
Liem' ramla, liema baħar se jilqgħuhom?
Liema riħ se jħaddanhom biex isiefru
lejn bliet miġbura f'toroq wiesgħa w dojoq?
Liema fjuri se jixorbu?

         Għax meta
fuqek nitfa' għajnejja mhux lilek nara.
Nara poeżija twila bħax-xefaq;
nara poeżija li qatt ma ħlomtha;
poeżija tiddendel bħal kullana
quddiem wiċċi jħares lejk u jistagħġeb
bil-ħeffa li ttir biha lejn il-baħar
ta' toroq mingħajr tarf u kantunieri
fejn jgħix il-ward tat-tama w l-istennija.

Iss' ejja nitfu d-dawl ħa mmorru norqdu.
Ara: dawn lożor ġodda l' hawn mifruxa.

A POEM BEFORE SLEEP

When I look at you, it's not you I see.
I see a swarm of butterflies
aimlessly flying around;
I see a long stretch of sand embrace the sea;
I see the wind that's finally begun to love me;
cities I visited and the streets I roamed;
the flowers waking up one by one.
And now a stretch of river filled with the colour
of petals that have come back to life.
Whenever I look at you it's not you I see:
I see everything reborn in a new guise.

Tell me: where are the butterflies off to?
What sandy shore, what sea will welcome them?
Which wind will embrace them so they can fly
to cities gathered into streets both wide and narrow?
What flowers will they sip from?

Because when
I cast my eyes on you, it's not you I see.
I see a poem wide as the horizon;
I see a poem I never dreamt of;
a poem hanging like a necklace
before my face gazing at you and wondering
at the speed with which you fly towards the sea
on roads without end or corners
where the blossoms of hope and waiting dwell.

Now let us turn the light off and go to sleep
Look, these are fresh sheets they've laid for us.

IMMANUEL MIFSUD was born in Malta in 1967. Considered as one of the top writers of his generation, Mifsud writes poetry and prose and has won a number of literary awards, most notably the European Union Prize for Literature in 2011 with his very successful book *In the Name of the Father (and of the Son)* which has been translated into a number of languages including English (Midsea Books) and French (Gallimard).

Immanuel Mifsud has a PhD in literature from the University of Malta where he lectures in literary theory and poetry.

MAURICE RIORDAN (b. 1953) is an Irish poet, translator and editor. Born in Lisgoold, County Cork, he has published four collections of poetry, all with Faber: *A Word from the Loki* (1995), which was shortlisted for the T. S. Eliot Prize; *Floods* (2000) which was shortlisted for the Whitbread Poetry Award; *The Holy Land* (2007) which received the Michael Hartnett Award; and, most recently, *The Water Stealer* (2013).

He is a prolific editor, and his anthologies include *A Quark for Mister Mark: 101 Poems about Science* (2000), which he edited with science writer John Turney; *Wild Reckoning: An Anthology Provoked by Rachel Carson's Silent Spring* (2004), co-edited with poet John Burnside; and *Dark Matter: Poems of Space* (2008), with Jocelyn Bell Burnell. As a translator, he has brought out a volume of Immanual Mifud's poems, *Confidential Reports* (2005), and also a volume of children's poems by the Portuguese poet José Letria, *the Moon Has Written You a Poem* (2005).

He is a former editor of *The Poetry Review* and is Professor of Poetry at Sheffield Hallam University.

Maria Grech Ganado, (b. 1943), poet, translator, critic, studied English at the Universities of Malta, Cambridge and Heidelberg, and was the first Maltese female full-time lecturer at the University of Malta (Department of English). She has published three collections of Maltese poetry (the first of which won a National Book Prize in 2002) and two in English (the second of which won a National Book Prize in 2006). Her poetry has been translated into Italian, French, German, Greek, Spanish, Turkish, Lithuanian, Finnish, Czech and Catalan and has appeared in English in the UK, the USA, Australia, South Africa and Cyprus.

Charles Briffa is senior lecturer in the Department of Translation, Terminology & Interpreting Studies at the University of Malta, lecturing on the Theory and Practice of Translation and on Maltese Literature. He studied as an undergraduate and postgraduate at the University of Malta and at Oklahoma State University and was awarded a PhD from the University of Malta for his work on Maltese literature.

Since 1983 he has been involved in broadcasting literary and linguistic programmes on the radio and on television and in 1987 joined the editorial board of *The Malta Year Book*. In 1999 he became the General Editor of Malta's cultural encyclopedia, the *Kullana Kulturali*, and is currently literary editor of the *Kullana għat-Tfal* and the *Kullana ta' Klassiċi*. He is also a literary critic and his many reviews and articles have appeared in both local and international journals such as *World Literature Today* and *Language and Literature*. Charles Briffa publishes both in English and in Maltese.